AF227742

SUR UNE VUE SCIENTIFIQUE

DE L'ADOLESCENCE

DE

NAPOLÉON BONAPARTE,

FORMULÉE DANS SON AGE MUR SOUS LE NOM DE

MONDE DES DÉTAILS. (¹)

Napoléon, encore jeune, partagea le pressentiment des hautes classes de la société d'avant la révolution, et crut aussi qu'un changement dans les relations sociales allait s'opérer : chacun s'y attendait comme à l'inévitable résultat des acquisitions lentes, mais incessantes, mais profondes de la raison humaine. Un bouleversement général précédera ; sur ce point seul étaient de sombres inquiétudes.

Dans la tendance nouvelle des esprits, dans leur essor vers de meilleures destinées, où s'adresseront les pas de Napoléon ? Où ce génie naissant rencontrera-t-il l'action unitaire et l'ascendant de puissance nécessaires pour imprimer leur direction à d'aussi hautes conjonctures ? En méditation sur cela, à l'âge de quinze ans, Napoléon n'entrevoit, comme moyens, que deux routes praticables : il lui faut opter entre les armes et les sciences.

Les armes ? Le ravage de la terre devra précéder le

(1) Extrait de l'introduction d'un ouvrage sous presse, portant pour titre : *Notions synthétiques et historiques de philosophie naturelle.*

heurtement des institutions faussées et à redresser, et il s'y refuse dans la candeur de son ame. Les sciences? Cet avenir lui sourit, car son esprit, né rêveur, a déjà, dans de profondes méditations, entrevu que la vie des choses dépend de détails infinis, et il ne lui est point échappé que la pensée humaine s'était peu ou point occupée de ces rapports fondamentaux. Quelle vaste exploitation que cette infinité de faits dont l'action réciproque, à toute distance, lui paraît encore inapercue; l'immensité de ce parcours et ses difficultés, inextricable pour tout autre esprit que le sien, le décident. Ceci admis, quel sera son point de mire? Il le cherche dans une revue des notabilités scientifiques, et Newton lui apparaît comme la plus grande. Newton à surpasser, ses travaux et sa gloire hors de rang, à subalterniser! voilà tout à coup la préoccupation vive, incessante, le confiant espoir d'une pensée concue à l'aurore de la vie. Mais si cette conception ne lui plaisait qu'au titre de sa portée audacieuse! Il échappe à cette hésitation, en restant persuadé que l'enfantement de son idée est en lui un produit de révélation providentielle.

Cependant, de ce qu'a projeté et préféré Napoléon, il est écarté. L'autorité de la famille, et l'empire d'assez dures circonstances le soumettent au régime militaire. Si bien que moi-même je l'ai entendu s'en expliquer ainsi : *Le métier des armes est devenu ma profession, et ne fut point de mon choix, et je m'y trouvai engagé du fait des circonstances.* Et ces regrets, à ce sujet, il les exprimait même au milieu de ses plus éclatans triomphes; souvenir tout de foi en sa première vocation : il était des jours où ses plus beaux trophées ne le consolaient pas de cet autre emploi préféré de sa vie, qu'il reconnaissait moins brillant, mais qu'il avait rêvé de félicité pure.

Or, c'est dans les dernières heures de son séjour au Caire, et dans un loisir forcé et prolongé pour attendre la fin des préparatifs de son voyage pour la France, que le général en chef de l'armée d'Orient fit ces curieuses révélations. Pour n'avoir pas à me répéter sur les circonstances de l'accessoire et sur le pathétique de la situation, l'ayant raconté dans mes *Etudes progressives* p. 182 (2), j'en viens à ce mot en saillie : *Jeune*, dit Napoléon, *je m'étais mis dans l'esprit de devenir un inventeur, un Newton.*

La scène re passait dans les jardins du palais Esbékieh, sous les yeux d'hommes d'élite, les principaux officiers de l'armée. Monge, interlocuteur placé sur le premier plan, discutait le point en question; c'était peut-être pour la première fois de la campagne qu'il n'était point de l'avis du *général*. Monge fit valoir la portée de ce joli mot de Lagrange : *Nul n'atteindra la gloire de Newton, il n'y avait qu'un monde à découvrir.*

Mais le général en chef, avec quel accent vif et chaleureux il répartit! C'était visiblement sa pensée long-temps contenue, qui lui échappait. *Qu'ai-je là entendu? Mais le* MONDE DES DÉTAILS! *qui a jamais songé à cet autre, à celui-là? Moi, dès l'âge de quinze ans, j'y croyais..... Je m'en occupai alors, et ce souvenir vit en moi comme une idée fixe à ne m'abandonner jamais.*

Cette expression : *monde des détails* (3) fut inventée par Napoléon, ayant voulu puiser *sa* signification dans le contraste de cette désignation des newtoniens, le *monde astronomique*. Notre jeune philosophe avait cru par là opposer aux faits d'une thèse spéciale les élémens d'une théorie qu'il avait conçue, généralisée à toutes les choses et actions de l'univers. Il voyait que Newton s'était

(2) *Études progressives d'un naturaliste*, in-4º, 1835. L'anxiété de Napoléon quittant son armée, la gloire de Newton déniée à quelques égards, et la grandeur des interlocuteurs, que de motifs qui recommandent le souvenir de cette conversation?

(3) Celle de *monde phénoménal* eût, je crois, mieux rendu le sens des idées scientifiques et philosophiques de l'illustre penseur.

arrêté et fixé à une spéculation plus philosophique que pratique. Lui seul, au contraire, tenait au caractère de la spéculation toute d'application économique. Il plaçait au premier rang les avantages de cette sorte, qui lui paraissaient résulter de l'appréciation, du contact et de l'actualité de la vie sensuelle, de la connaissance des relations et du jeu des *détails*. Ce qu'avait d'imposant le monde astronomique ne manquait point à son *monde des détails*. L'immensité des choses, comme leur perfection d'arrangement, s'y voyaient acquises dans la considération des minimes atomes lancés par les mondes stellaires, par la production du fluide lumineux qu'envoient ces grands corps à la terre. Et c'était aussi le même grandiose, car n'est-ce point au sein des *détails* propres à notre corps planétaire que l'espèce humaine vit déposée et se trouve entretenue? N'est-ce point par le concours de ces protées en nombre infini que s'organise la masse imposante de la croûte animée de la terre; et en effet, ce riche revêtissement de nòtre globe, qu'est-ce, si ce n'est l'immense laboratoire où nous sommes versés, un lieu, l'un des lieux du *monde des détails*, du monde phénoménal?

Napoléon ne laissa pas reposer un moment son courageux interlocuteur; il le poursuit par ces réflexions : « Je vous le demande, Monge, qui a fait attention au » caractère de tensité et de traction à très courte dis- » tance des actions des minimes atomes dont nous som- » mes d'une manière quelconque les observateurs obli- » gés? Je vous le demande, Monge, cela serait-il trou- » vé? Vous, Monge, ou votre Newton, l'auriez-vous » trouvé?

» Or, voyez : cela ne serait-il pas plus beau, plus grand, » mais surtout plus profitable à la société qu'une spé- » culation philosophique? Newton se trouve avoir résolu » le problême du mouvement en général par la décou- » verte du système planétaire : c'est magnifique pour » vous autres gens d'esprit et de mathématiques. Mais

» que, moi, j'en fusse venu à apprendre aux hommes
» comment s'opère le mouvement qui se communique
» et se détermine par l'intervention des plus petits corp s
» j'aurais résolu le problême de la vie de l'univers; e^t
» cela fait, ce que je tiens chose possible, j'eusse dépassé
» Newton de toute la distance qu'il y a entre la matière
» et l'intelligence. Par conséquent, il n'y a donc rien
» d'exact dans votre mot de Lagrange, puisque le mon-
» de des détails reste à chercher. Voilà cet autre monde,
» et c'est le plus important de tous, que je m'étais flatté
» de découvrir; d'y penser, j'en suis toujours aux re-
» grets; d'y penser, j'en ai mal à l'ame. » *Etudes progres-*
sives, 185.

J'ai cherché à me bien pénétrer du sens de ces phra-
ses, et j'ai cru y comprendre qu'il y entrait, confusément
sans doute, l'idée de ces conditions d'essence et d'affinité
élective qui caractérisent chaque sorte de matériaux
atomiques. Cette pensée apportant à l'esprit la notion
d'un premier principe des choses, nous amène au sentiment de la nature aux prises avec elle-même, opérant
la séparation de matéraux d'essence contraire, ou re-
cueillant des élémens congénères, qu'elle rassemble avec
prédilection, qu'elle coordonne avec harmonie, et dont
elle forme enfin ces aggrégats merveilleux, ses plus ad-
mirables machines, *les êtres organisés vivans*; composés
dans lesquels le bon accord des élémens constitutifs en-
gendre la faculté et la liberté de mille actions partielles
et concurrentes.

D'aussi graves pensées sont l'œuvre d'un génie vigou-
reux : et qu'elles aient été conçues d'aussi bonne heure,
c'est que toute grande mission éclate et s'accomplit or-
dinairement hors des règles de l'âge. Des regrets, au souvenir du délassement de cette philosophie, vous vous en
étonneriez ! La première des philosophies, n'est-ce point
celle qui s'attache à l'entente de la nature? Comment,
effectivement, ne pas se passionner pour la clairvoyance
d'un savoir qui vous soumet l'ordre intelligent de l'arrangement des choses et l'esprit de leur simplicité mer-

veilleuse ? Simplicité seule possible, à la fois nécessaire et caractéristique de toute grande composition.

Mais si cette autre et importante question est, sinon prise, acceptée du moins, puis ponctuellement suivie, d'avoir à marcher sur les traces d'Alexandre, les heures de loisir et de délassement du grand capitaine le ramèmeront sur les hautes conceptions scientifiques de Newton, le trouveront dispos aux excitations de son idée fixe, et le doivent constituer vivement curieux de ce qui se passe dans le monde phénoménal de la natnre, son *monde des détails*.

Voyant qu'effectivement toute sa vie se déroule conformément à ces deux données, aux affaires militaires sont appliquées la tention, l'activité et toutes les inventions de son esprit, puis à sa curieuse information de ce qui se passe en physique, en chimie et en physiologie, de ce qui viendra mettre en lumières son *monde des détails*, sont réservés ses délassemens, les quelques momens de loisir que lui laissent les devoirs de sa profession.

A peine au pouvoir, et investi du commandement des armées, il lui faut une escorte de soldats lettrés : il attire à lui et entraîne sur les champs de bataille les chefs des travaux scientifiques, les chimistes, phisiciens et physiologistes, qui sont l'ornement de la moderne Athènes. Il est ainsi entouré d'interlocuteurs pour entendre et pour paraphraser à tout moment du jour ses causeries roulant sur les préoccupations de son jeune âge. Monge et Berthollet le joignent en Italie et le suivent jusque sur les glacis de Mantoue, alors vivement assiégée. Ils sont de ses promenades en tous lieux; ils montent à sa suite le vaisseau l'*Orient*, l'accompagnent dans la première période de ses campagnes, à Alexandrie, au Caire, à Suez, dans les déserts de la Syrie, et campent sous sa tente durant le siége de Saint Jean-d'Acre.

Quand la victoire, pendant la campagne d'Italie, lui a soumis des villes à universités, il en visite les professeurs. A Pavie, c'est Scarpa qu'il recherche, c'est ce physiologiste qu'il aborde en lui adressant cette brusque et singulière question : « *Quelle différence voyez-vous entre un homme vivant et un homme mort?* » Et Scarpa, à qui il ne fut point donné de pénétrer les abstractions du vainqueur touchant son fantastique *monde des détails*, ne sut que lui faire cette réponse : « L'homme mort ne se réveille plus. »

Napoléon est-il au Caire retenu plusieurs jours de suite, et moins occupé pendant les momens qu'il donne aux préparatifs de son excursion en Syrie ? il en profite pour demander un cours sur la chimie. La première fois, l'illustre disciple fut seul à écouter la leçon du maître ; mais s'apercevant que le débit du professeur se ressentait de l'absence d'un auditoire nombreux, Berthollet fut engagé à se faire accompagner de quelques amis. A ce titre, j'eus à remplir le personnage de Léandre, et à figurer comme le représentant d'une assemblée.

J'avais en mer, dans les parages de Malte, reproduit sur un requin harponné et hissé à bord, sous les yeux et sur la demande du général Régnier, la principale expérience de Galvani, touchant l'électricité animale. Bonaparte m'en demanda un récit détaillé.

Enfin, ce qu'il y a de plus significatif dans cette conduite, c'est cette légion d'hommes lettrés qu'il leva en France, et qu'il conduisit en Egypte, ce qu'on y appelait la commission des arts et des sciences ; composition dans laquelle il trouva à fonder pour le Caire un institut de savans, prenant lui même part à ses travaux, et s'y présentant avec le rang et l'utilité d'un simple membre.

Tant de persistance dans les mêmes vues, et des allures aussi vives, n'attestaient point seulement chez le général de l'armée d'Orient un goût simple et passager, mais dénotaient une véritable passion pour les sciences. C'était le cachet de cette arrière-pensée, de cette idée fixe, dont il craignait de faire étalage, sans doute pour satisfaire à un sentiment de dignité dont il ne se départait jamais ; et peut-être aussi dans la crainte d'en venir à formuler avec une teinte d'insouciance l'inconnu de sa méditation, l'objet constant de ses préoccupations.

A la vivacité de sa répartie dans la conversation rapportée plus haut, il est évident qu'il lui échappa dans le tracas de son départ, et que sa pensée éclata dans son ardente improvisation, quand Monge vint à lui en fournir l'occasion en lui résistant au sujet du système du monde.

Cependant Napoléon revit la France : il continuait, sur le vaisseau qui l'y ramenait, lui et ses plus intimes amis, avec les mêmes savans, ses causeries ordinaires sur les sciences, pour lui si pleines de charmes. Puis, une fois rentré dans Paris, il fut lancé dans d'autres relations; mais ce fut toujours sans rien changer à sa règle de conduite, aux deux données de l'emploi de son temps qu'il s'était prescrites. Resté un moment simple particulier, il se répandit parmi les savans dont il provoquait et continuait de goûter les entretiens.

Devenu chef de l'état sous le titre de premier consul, il appelle aussitôt, en 1801, et il écoutera Volta, le plus grand physicien de la république italienne, sur son savoir, qui fait bruit en Europe.

M. Arago, dans l'éloge de ce savant, rend un compte détaillé des soins empressés, des assiduités aux expériences, des honneurs rendus et des avantages pécuniaires au moyen desquels le premier consul entendit reconnaître le haut mérite des découvertes sur l'électricité par le contact. Volta retourne comblé en Italie, où de nouveaux honneurs et de hauts emplois encore conférés par Napoléon viennent le surprendre. M. Arago cite ces faits, qu'il signale comme autant de signes *caractéristiques qui témoignent de l'enthousiasme que le* GRAND CAPITAINE *avait éprouvé* de la présence de Volta à Paris.

De l'enthousiasme, c'est-à-dire un sentiment qui vous prend au cœur, qui vous anime d'émotions communiquées, comme dans l'approche de personnes préférées! était-ce cela alors? Je me permets d'en douter. Pour le GRAND CAPITAINE, c'était son esprit, son savoir, qui lui apparaissait traduit par un homme puissant dans les sciences, et qui s'y était formé par de longues, laborieuses et très habiles études. C'était une face de la méditation de son jeune âge qui lui revenait, qui lui souriait à ce titre, et qui venait le confirmer dans le sentiment de sa supériorité intellectuelle, dont la grandeur lui avait été révélée dès son entrée dans la vie sociale.

Mais ne nous hâtons pas de conclure dans ce sens, et continuons le récit des faits.

En l'année suivante, 1802, le 26 prairial an 10, le premier consul écrit, *proprio môtu*, une lettre à son ministre de l'intérieur, qu'il entend donner un encouragement de 60,000 fr. à celui qui, par ses expériences ou découvertes, fera faire à l'électricité, au galvanisme un pas comparable à celui qu'ont fait faire à ces sciences Francklin et Volta. « Régularisez cette mesure avec la portion de l'Institut qui en doit connaître, ajoute le premier consul ; car cette partie de la physique est, A MON SENS, *le chemin des grandes découvertes.* » Les mesures sont arrêtées et promulguées dans une séance solennelle, le 17 messidor an 10.

Quelques académiciens ayant accès auprès du premier consul, se laissèrent complimenter d'avoir conseillé ce grand acte de munificence en faveur des sciences. Napoléon le sut, et saisit plus tard l'occasion de démentir ce faux bruit que la presse avait adopté et répandu.

Et en effet, cela seul fut cause qu'en 1804 la réception d'un autre physicien d'Italie, celle du neveu de Galvani, le célèbre Jean Aldini, fut renfermé dans l'enceinte du palais. L'accueil fut non moins gracieux, peut être plus éclatant, si l'on en juge par la magnificence des dons. Le premier consul assista aux expériences , ordonna que les moyens de l'établissement d'Alfort seraient mis à la disposition de l'expérimentateur, et il le recommanda aussi pour un prix de l'Institut qu'Aldini obtint. Le neveu de Galvani reçut enfin , lors de sa dernière audience une boîte d'or au fond de laquelle était un bon de 20,000 fr. sur le trésor d'Italie, avec mention que le cadeau s'adressait autant à la mémoire glorieuse de l'oncle qu'au zèle et à l'habileté du neveu.

Serait-ce aussi sur une détermination de propre mouvement que fut rédigé le décret inséré au *Moniteur* du 8 août 1808? L'éclatante découverte du potassium par Davy porta Napoléon à faire construire une pile voltaïque sur des proportions gigantesques ; il acorda les fonds nécessaires : les plaques métalliques étaient d'un pied carré, et l'on comptait jusqu'à cent de ces lames. Le gigantesque instrument en imposait plus par la grandeur matérielle de sa masse qu'il n'attestait le déploiement d'une intelligence heureusement avisée ; cependant, a l'invasion de l'eau acidulée, ses effets furent foudroyans. La chaux, premier sujet en expérience, fut décomposée ; et le calcium fut produit et aperçu à Paris comme le potassium l'avait été à Londres.

Je pourrais ajouter bien d'autres faits qui, n'étant que des équivalens, n'ajouteraient point plus de force aux conséquences à déduire des précédens : et puis je me garde d'aucune conséquence.

Les hommes d'état sont jugés bien diversement : souvent l'on croit s'aviser de finesse et de profondeur en leur déniant tout ce qu'ils avancent. Je n'avais point ce préjugé dans mes rapports avec Napoléon, et tout au contraire je déclare avoir usé avec lui de sympathie, et, à cause de cette sympathie, avoir mieux écouté, et toujours très religieusement accueilli ses paroles, qui me paraissaient dites avec simplicité et sortir naturellement des *va-et-vient* qui les motivaient; ce n'était point non plus une crédulité trop complaisante; mais c'est qu'à l'égard de ses réflexions sur les sciences, ma forme d'esprit répondait à la sienne. A 27 ans, et descendu sur la terre égyptienne, j'avais aussi ma préoccupation: j'étais plein de l'idée qu'une cause prochaine et assignable, déterminait le mouvement musculaire, que mon avant-bras se retirait et s'agitait sur le bras, en raison de motifs dont j'allais peut-être entrevoir et saisir le mystère en Egypte.

Comme Napoléon, je tenais *à priori* que les phénomènes de l'électricité, formant autant de protées jusqu'alors insaisissables, subiraient l'action d'une grande et incessante méditation; et je croyais nommément, que ceci se passerait en Egypte, parce qu'il s'y trouvait deux poissons électriques de structure très différente, la *torpille* et le *silure trembleur*. Long-temps j'ai demandé ces poissons, excitant à prix d'argent le zèle des pêcheurs : une circonstance fortuite les amena vivans et ensemble sous mes yeux, au moment de clore mon voyage, dans Alexandrie bombardée. J'ai donc pris sur moi de détourner ma pensée du bouleversement de cette ville pour la concentrer exclusivement sur les phénomènes d'électricité de ces deux poissons que je tins en expérience.

Je m'y appliquai avec une puissance d'attention excessive, désordonnée, tuant les forces du corps et m'ayant rendu gravement malade; mais enfin il sortit de ces efforts une vue d'une application générale. J'en ai donné, dans mes *Études progressives,* publiées en janvier dernier, la partie qui explique les fonctions de la vie, et qui crée une nouvelle théorie physiologique. Je n'ai point dit moi-même alors, ni n'ai fait dire par des amis complaisans que cet ouvrage, en dehors des conceptions communes, avait cependant du fond et se recommandait par des pensées non moins intéressantes que nouvelles; mais qu'il me soit permis toutefois de l'invoquer aujourd'hui , et d'en considérer quelques parties comme analogues aux doctrines et découvertes de Volta , et comme apportant aussi une face de la méditation , *monde des détails,* par laquelle avait débuté la plus grande lumière du siècle. C'est que j'avais dès lors cru retrouver au fond de cette pensée profonde l'idée de génie qui fut chez Keppler; savoir, que la cause qui place, *Deo juvante,* l'ordre et l'harmonie de l'univers sous le ressort et la toute-puissance d'un seul lévier, est à déterminer et *déterminable*; cette idée d'un premier principe des choses, je n'ai fait que la traduire dans mes vues élucidées récemment, quand j'ai donné la formule de ma *loi universelle*, développée et devenue mon principe de *l'attraction de soi pour soi*.

Je n'ajoute rien de plus sur cela. C'est pour être établi le commentaire de ces hautes idées touchant la création, que j'ai rédigé et mes publications du commencement de cette année et mon nouvel ouvrage, sous presse, *Notions de philosophie naturelle*. Je crois ces renseignemens suffisans pour mettre le public dans le cas de juger si j'ai fait preuve de la justesse et de la solidité d'esprit indispensables à la discussion d'aussi graves intérêts. Au surplus, ce n'est que dans les derniers actes de ma carrière scientifique, que je me suis permis des travaux à désigner sous le titre de *loi universelle*.

GEOFFROY SAINT-HILAIRE.

Paris, imprimerie de BRUN, rue du Mail, n° 5.

www.ingramcontent.com/pod-product-compliance
Lightning Source LLC
Chambersburg PA
CBHW071705030726

47598CB00005B/2244